Les
Joyeusetez
Faceties

Et Folastres Imaginations

de

**Caresme Prenant, Gauthier Garguille,
Guillot Gorju, Roger Bontemps,
Turlupin, Tabarin, Arlequin,
Moulinet, etc.**

Et se vend

Chez Techener libraire
Tenant sa Boutique Place du Louure.
MDCCCXXIX.

Imprimerie de J. Tastu.

Les

Euangiles

des Connoilles

Faictes en lonneur et
eraulcement des
Dames.

Lyon

Iehan Mareschal.

———

MCCCCXCIII.

Cy commence le traicte intitule les Euangiles des Connoilles faictes a lonneur et exaulsement des Dames.

Maintes gens sont auiourduy qui alleguent et auctorisent leurs paroles et raysons par les Euangiles des Connoilles qui gaires ne scauent de quelle importance et auctorite elles sont ne qui en furent les saiges doctoresses et premieres inuenteresses : et encores qui pis est les aleguent plus par derrision et en mocquerie quilz ne font par affection quilz ayent a la grande substance quelles contiennent. Et ce font ilz tousiours en lamoindrissement et reboutement des dames dont cest peche et grant honte pour ceulx qui ainsi le font. Car ilz pgnorent la grande noblesse des dames et les grans biens qui de elles procedent. Car pour ce que la premiere femme fut faicte et cree en lieu hault et noble plain de net et pur apr pour ce sont toutes femmes naturellement nobles nectes doulces et courtopses et plaines desperit legier et inuentif et si tressoubtil que a bien peu dapde elles scauent plusieurs choses aduenir. Car les passees et presentes scauent de leur propre nature selon les coniectures et disposicions des temps des personnes des argumens des oiseaulx et des bestes : et brief de toutes aultres creatures comme il apperra au proces de ce liure. Or est ainsi doncques que pour obuier a telles iniures et telles mocqueries mectre a neant : et par contraire exaulser les

dames et leurs euangiles verifier : ie qui de
pieca et mesmes des mon enfance ay este leur
humble clerc et seruiteur et dont des biens que
delles ay receupz asses ne me scauroye louer. Je
a la requeste daulcunes mes tres chieres ay
comme cy apres pourres veoir mis par escript et
en ordre ce petit traicte qui contient en soy le
texte des Euangiles des Connoilles ensemble
plusieurs gloses et postiles y adioustees et es-
clarcies par aulcunes saiges dames desquelles
les noms seront cy ensupuant mys et escripz.

Les noms des Dames qui firent le texte des Euangiles des Connoilles.

Pour entammer doncques ceste oeuure il est tout notoyre a tous bons et vrays catholicques que pour meetre et redigir par escript a la memoyre perpetuelle des crestiens les sainctes et vrayes paroles : ensemble les vertueuses oeuures et faictz de nostre benoist saulueur et redempteur Ihesucrist et de ses sainctz apostres : furent esleutz quatre preudhommes dentreulx plains de verite et vertus pour fayre cestuy sainct mistere qui se nomment euangiles par les escriptures lesquelles la vraye et saincte foy catholicque est tenue enluminee et corroboree et sera iusques en la fin des siecles. A semblable doncques pour verifier et mectre en auant les paroles et auctoritez de femmes de iadis : affin aussi de les non perdre, ne tellement esuanouyr que la memoire ne puisse estre fresche et recente entre celles du temps present : et de celluy ont este trouuees six matrones saiges et prudentes pour reciter et lyre lesdictes Euangiles des Connoilles en la maniere que cy apres sera desclaree. Et pour ce que en tout tesmoignaige de verite il conuient troys femmes pour deux hommes pour faire et accomplir doncques le nombre desdicts quatre euangelistes il a conuenu que six femmes ayent este empeschees de fayre cestuy œuure pour plus grande approbacion de verite desquelles les noms sensuiuent. La premiere fut

nommee dame Ysengrine du Glay. La seconde
estoit appellee dame Transeline du Croq. La
tierce eut nom dame Abonde du Four. La
quarte fut appellee dame Sebile des Marestz.
La quinte eut nom dame Gomberde la Faee : et
la sizieme eut nom dame Berthe de Corne. Ces
six dames furent si tressaiges en leurs temps
que se ce eust este pour coniurer vng noyr
dyable ou pour le lyer dessus vng coussin si
estoyent elles expertes et habiles.

———

Qui fut la premiere Femme qui
mist auant ces Euangiles et
comment le composeur de ce liure
fut contraint de faire cest oeuure.

Selon ce que ie trouue es anciens registres
ces Euangiles furent commencees des les pre-

miers et seconds eages du monde : au temps
que regnoyt le fort et puissant roy Zoroastes
qui fut le premier qui trouua lart de nygro-
mancie duquel art il monstra et enseigna
partie a la royne sa femme nommee Hermo-
frodita : et laquelle de puis fist de beaulx prin-
cipes pour le commencement des Euangiles :
mais elles ne furent de son temps escheues :
ains deage en eage et de siecle en siecle
elles ont este multipliees : et par legiers esperitz infusees es coraiges des prudentes femmes
chescune en son temps selon les auguremens
et signes quelles pouoient conceuoir et veoir
tant en la terre comme en lair. Et depuis ce
temps na este encores aulcun voire que iaye
sceu ne qui soit venu a ma cognoissance qui
ait voulu prendre la paine de les mectre par
escript ou en registre au moins le tout ne par
ordre : mais ce tant pou que faict en a este ce

a este confusiblement et par pieces puis cy puis
la sans tenir aulcun ordre. Et encores ce que
faict en a este ce a este plus par derrision et mocquerie que aultrement. Et toutesfois elles ne
deffaillent pas de grant mistere. Et pour vous
donner a cognoistre comment ie suis venu en
ceste temeraire et presumptueuse hardiesse et
oultrecuidance que de vouloir escripre et mect-
tre par ordre ceste oeuure : il est verite que vng
soir apres souper pour cause desbat et de
passe temps es longues nuitz entre Noel et la
Chandeleur derreniere passee : ie me trans-
porte en lostel dune asses ancienne damoiselle
asses pres ma voisine ou iauope acoustume
daler souuent deuiser : car plusieurs voisines
denuiron venoyent illec filer et deuiser de plusieurs menus et ioyeulx propos dont ie pre-
noye grant soulas et plaisir : mais pour ceste
foys estoyent illec les six dames assemblees

qui moult fort estoyent empeschees de diuerses
raisons et souuent de la grant haste quelles
auoient de dire leurs propos elles anticipoient
lune lautre et parloient toutes ensemble.
Moy aulcunement honteux de ceste ma soub-
daine aduenue entrelles me voult retraire ar-
riere et prins conge delles en moy despartant
dillec : mais soubdainement je fus delles rap-
pelle et de faict arreste par la robe par lune
delles dont moitie par force moitie requeste
ie retournay et me assis entrelles et leur priay
moult humblement quelles me pardonnassent
de ce que si franchement et si bauldement me
estoye embatu entrelles. Lune prist la parole
pour toutes les aultres : et me dict que vraye-
ment ie leur estoye le tresbien venu et le mieulx
que homme quelles sceussent en ce monde :
et qu'il leur sembloit que Dieu mauoit illec
amene pour estre en leur ayde attendu le faict

en quoy elles estoyent pour ceste heure occup-
pees et empeschees et que mieulx leur dresse-
roie leur oeuure et conseil veu que aultresfoys
en aultre matiere auoie escript des dames a
leur honneur. Et encore de present me prioient
que le pareil voulsisse faire a cestuy leur tresgrant besoing et elles en temps oportun par
elles ou par leurs successeurs me feroyent telle
remuneracion que iusques a souffire. Me
priant en oultre que ie voulsisse entreprendre
de mectre par escript vng petit volume qui
pour son nom seroyt nomme les Euangiles des
Connoilles en memoyre et souuenance perpetuelle delles: et a ladressement de toutes celles
qui viendroient. Moy aulcunnement honteux de
la loenge quelles me donnoyent me cuyde ex-
cuser mais tantost ie fus si anticipe de paroles et de diuerses raisons enueloppe que tout
confus me conuint entreprendre ceste charge.

En laquelle sil y a a redire ou aulcune faulte
ou mauluais entendement ie vous supplye le
me pardonner et la dicte faulte imputer a celles
qui par si grant haste le me disoyent que loisir
ne temps navoye aulcunes foys les bien entendre ne ma main que par viellesse est deuenue
pesante et mes yeulx obnubilez ne les poutoyent
si hastiuement comprendre ne seruir sitost
quelles eussent bien voulu. Ceste charge doncques par moy ainsi prinse les dames me
remercierent grandement et prindrent iour
entrelles et heure de retourner le lendemain
apres soupper. Et me chargerent que auec moy
apportasse largement papier et ancre et plumes :
car elles vouloyent determiner de haultes be-
soignes.

Lordonnance de cestuy liure mise en termes par dame Ysengrine.

Lendemain a heure assignee ie forny de mes agoubilles me trouuay au lieu assigne auquel estoient desia assemblees les six dames qui apres moy actendoyent. Et elles de ma venue ioyeuses comme par semblance elles demonstroyent : apres quelles me eurent prepare mon lieu pour a mon ayse ouyr et escripre leurs oppinions et doctrines lune delles et la plus ancienne nommee dame Ysengrine du Glay commenca a parler apres licence obtenue des aultres ses compaignes les paroles

qui sensuyuent. Mes treschieres voisines et
compaignes eu ceste vacacion vous voyes et
aussi il est tout notoyre comment les hommes
du temps present ne cessent de escripre et faire
libelles diffamatoyres et liures contagieux poy-
gnans lonneur de nostre sexe. Et toutesfoys
actendu que eulx et nous sommes faicts tous
dung ouurier descendant lung de lautre : et
encores puis que dire le me conuient sommes
venues et descendues de plus hault et plus noble lieu quils ne sont et faictes de matiere plus
necte et plus clarifiee que eulx : il mest aduis
a correction de vous toutes que bon seroit que
a laide de cestuy nostre secretaire et amy nous
feissions vng petit traite des chapitres que
voulons tenir et mectre par ordre. Lesquels de
picca de nos grandes et anciennes meres ont
este trouues affin de les non mectre en ou-
bliance et quil puisse venir entre les mains

de celles qui encores sont a aduenir. Lequel
traicte contiendra les chapitres des Euangiles
des Connoilles ensemble les gloses que aulcunes saiges et prudentes matrones y ont ad-
iouste3 et encores feront en multipliant le
texte. Et pour entrer en la matiere et mectre
ordre en nostre commencement vous scave3
qu'ils sont six iours ouuriers en la sepmayne ·
et nous sommes six qui auons entrepris ceste
besoigne et qui auons veu et ouy recorder par
nos anciennes plusieurs choses des vieil et
nouuel Testament : et plusieurs vrayes et
bonnes auctorite3. Sy mest aduis en conclusion quil seroit bon que a lundy prouchain ve-
nant nous assemblissions en lostel de Maroye
Ploparde ou len a acoustume de tenir la ferie
enuiron sept heures du vespre : et illec se cest
vostre aduis lune de nous commencera sa lecture : et ses chapitres recitera en la presence

de toutes celles qui illec seront assemblees
pour les tenir et mectre en perpetuelle memoire. Les assistentes tantost et sans aultre
deliberacion dirent toutes a vne voix que dame
Ysengrine auopt tresbien dist. Et de faict lui
prierent quelle voulsist entreprendre ceste
charge de lire la premiere pour ce lundy a leure
assignee et elles sans aulcune faulte p se-
ropent : et si priopent aulcunes de leurs voisines vieilles et icunes pour mieulx aucto-
riser leurs chapitres. Ceste charge prist moult
voulentiers dame Ysengrine et dist quelle en
feroit son mieulx. En ce disant elle se tourna
vers moy et moult amoureusement me requist que son secretayre voulsisse estre et pareillement de toutes les aultres. Et quelles me
feropent guerdonner par aulcunes delles des
icunes et a mon choys duquel guerdon ie les
remercye et dont desia ie me tiens pour content.

LOrdonnance de la premiere iournee et de la description de dame
Ysengrine du Glay et qui elle
fut.

Le lundi au soir entre sept et hupt heures
apres souper sassemblerent lesdictes six da-

mes ensemble toutes les voisines qui acoustume auoient dy venir : et plusieurs aultres
qui y furent inuitees qui encores ny auoyent
este pour ouyr le mistere qui illec se deuoyt
faire. Dame Ysengrine du Glay vint acompaignee de plusieurs de sa cognoissance qui
toutes aporterent leurs connoilles : lyn, fu-
seaulx, estandars, haples, et toutes agoubiles
seruans a leur art. Et a brief parler ce sembloit a veoir vng droyt marche ou len ne ven-
doit que paroles et raisons a diuers propos de
pou deffait et de petite valeur. Le siege de dame
Ysengrine estoit prepare a vng couste vng
pou plus hault des aultres et le myen de couste
elle deuant moy vng rondeau ou estoit assise
vne lampe duile pour enluminer sur mon oeuure et toutes les assistentes auoient tourne
leurs visaiges au regard de dame Ysengrine.
Laquelle apres licence obtenue commenca a

parler en ceste maniere. Mais auant que ie commence escripre ses chapitres ie vous vueil reciter lestat et la genealogie delle.

Dame Ysengrine estoit eagee de soixante et cinq ans ou enuiron : belle femme auopt este en son temps : mais elle estopt deuenue fort ridee. Les peulx auopt enfoncez et aulcunement les paupieres renuersees rouges et larmopantes : cinq marps auopt eu sans les acointes de couste. Elle se mesloyt en sa viellesse de receuoir les enfans nouuellement nez : mais en sa icunesse receuoit les grans enfans : moult experte fut en plusieurs ars. Son mary estoit assez icune duquel elle estoit fort ialouse : et dont elle faisoit souuent grandes complaintes a ses voisines : toutesfoys licence comme dit est obtenue elle commenca son Euangile et prist son theume sur son mary en hoignant et dist ce qui sensupt.

Cy commencent
les chapitres de
lEuangile dame Ysengrine
du Glay pour le lundy.

Mes bonnes compaignes et voysines
il nest aulcune de vous qui ne saiche
que iay prins mon mary Iosselin
plus pour sa beaulte que pour sa ri-
chesse : car poure compaignon estoit
et vela ie ne le vy ne hyer ne auiourdhuy dont iay grant douleur au cueur. Et certes
il a grant marche des biens que mes marys ses
predecesseurs ont par cydeuant a grande peine
et douleur assembles : ie croy que ce sera ma
mort. Et a ce propos et pour le premier chapitre.

Ie dy pour aussi vray comme Euangile que

lomme qui despent indeuement les biens qui luy viennent de par sa femme et sans son gre et conge : il en rendra compte deuant Dieu comme de chose emblee.

Glose. Sur ce chapitre dist vne ancienne matrone nommee Grielle femme de Iehan Ioquesus. Certes celluy mary qui faict contre ce chapitre est mys apres sa mort au purgatoyre des mauluais marys en vng baing plain de souphre ardent sil na faict sa penitence en ce monde par les hospitaulx.

Le second chapitre.

Il n'est riens plus certain que le mary qui va au contraire de ce que sa femme luy conseille et veult fayre : et qui la contredit de chose quelle dye il est faulx et desloyal pariure.

Glose. Certes dist Gombaulde du Fosse ien ay veu plusieurs miracles de ceulx qui ont

transgresse ce chapitre : et mesmes mon parastre se rompit la iambe pour ce quil nauoyt
voulu croyre le conseil de ma mere.

Le tiers chapitre.

Comme qui sa femme bat pour quelconque
cause que ce soyt naura iamays pour priere
quil face fayre grace de la vierge Marie se premierement il na obtenu pardon de sa femme.

Glose. Maroye Ployarde dit sur ce chapitre
que celluy qui bat sa femme faict vn tel peche
comme sil se vouloyt soymesmes desesperer :
car selon ce que iay ouy dire a nostre cure ce
nest que vng corps dhomme et de femme acoup-
plez par mariage.

Le quart chapitre.

Comme qui fait aulcune chose sans quil le
donne a cognoistre a sa femme : ie vous dy

comme Euangile quil est en conscience pire
que larron qui bien loseropt dire.

Glose. Les anciennes matrones out main-
tenu pour verite que les enfans qui viennent
de tel mariage iamais en ce monde ne deuiendront riches : et si seront voulentiers men-
teurs.

Le cinquiesme chapitre.

Mes ampes ie vous dy pour verite quil nest
douleur ne angoisse pareille a celle que femme
porte quant son mary va aultre part porter et
donner sa substance : et especiallement quant
les biens viennent de par elle.

Glose. Pour certain dist vne vieille qui
estoit nommee Flourete la noyre. Celluy qui
rompt son mariaige par adultere est moins a
priser que vng Iuif ou Sarrazin : car il est
pariure.

Le siziesme chapitre.

Fille qui veult scauoir le nom de son mary aduenir doyt tendre deuant son huys le premier fil quelle fillera cellup iour : et de tout le premier homme qui illec passera scauoyr son nom : scaiches pour certain que tel nom aura son mary.

Glose. A ce mot se leua lune des assistentes nommee Geffrine femme de Iehan Lebleu et dist que ceste chose auoyt esprouuee et que ainsi lup en estopt aduenu dont elle mauldissoit leure dauoir encontre vng tel homme qui toute couleur et beaulte auoyt perdue : et si estoit si tresmauluais mesnaiger que aultre chose ne pouuopt fapre que dormir.

Le septiesme chapitre.

Quant femme porte enfant et on veult scauoir selle porte filz ou fille on dopt mectre en dormant sur sa teste du sel si souefuement que point ne le saiche : et apres en deuisant a elle saiches quel nom elle nommera : selle nomme vng homme ce sera vng filz et selle nomme femme ce sera fille.

Glose. Ceste mesme chose mauint quant ie portoye ma fille Lise tempremeure dist Grielle du Solier et le me fist et aprist ma tante qui estoit fort ancienne et moult renommee en plusieurs ars.

Le huytiesme chapitre.

On ne dopt point donner a ieunes filles a menger de la teste dung lieure : affin quelles mariees et par especial encaintes np pensent :

car pour certain leurs enfans en pourròpent
auoir leurs leures fendues.

Glose. Dist tantost Margot des Bles tout
ainsi en aduint il naguapres a lune de mes
cousines : car pour ce quelle auopt menge de
la teste dung lieure sa fille dont elle estoit
encainte en apporta sur terre quatre leures.

Le neufjesme chapitre.

On ne dopt point aussi laisser menger aux
ieunes filles a marier de teste de mouton : de
creste de coq ne danguille : affin quelles ne
cheent du mal sainct Coup par derriere.

Glose. Certainement dist Belotte la cornue:
cest vng tresgrant dangier : car pour ce que
ma mere en mengea ien ap eu trois taiches
que comme ie crop iamais ne me fauldront :
lune si est que souuent me laisse cheoir par
derriere : la seconde que ie hurte voulentiers :

et la tierce quil me croist au plus secret lieu
de mon corps vne chose a maniere de la creste
dung coq dont iay grant vergoigne.

Le diziesme chapitre.

Ie vous iure comme Euangile que quant
vne ieune fille mengue acoustumeement lapt
bouilly en la poelle ou en vng pot de terre : quil
pleut voulentiers et par coustume le iour de
ses nopces. Et si a voulentiers mary melen-
collieux et hoignart. Et aussi ne fault elle pas
destre souuent crottee et malparee.

Glose. Dist dame Abunde a cest texte ne
fault aulcune exposicion ; car la reigle en
est toute commune et iamais ny a faulte
comme il aparut a mes nopces ou plusieurs
de vous furent.

Le vnziesme chapitre.

Pour certain et pour aussy vray que Euangile quant vng homme couche auec sa femme ou sa mye ayans les pieds ors et puans et il aduient quil engendre vng filz il aura puante et mauluaise alayne. Et se cest vne fille elle laura puante par derriere.

Glose. Maroye Ployarde dist sur ce chapitre que de sa cousine germaine en aduint ainsi : car partout ou elle alloit elle rendoit vne odeur si puante de son derriere que les assistans en estouppoyent leurs nez : mais ne scauoyent qui celluy estoyt qui en estoit cause.

Le douziesme chapitre.

Pour aussi vray que Euangile ie vous dy que quant vng ieune homme puceau espouse vne ieune fille pucelle le premier enfant que ils ont est par coustume fol.

Glose. Berte lestroptte sur ce chapitre dist que ainsi estopt nagapres aduenu a lune de ses filles que elle auopt mariee au porcher de son hostel : car il connaint que pour la premiere nupct elle leur enseignast comment ils deuopent faire : dont il est aduenu que leur premier fils est fol et pur innocent.

Le treiziesme chapitre.

Mes voisines et compaignes ie vous dy pour Euangile que quant lenfant est nouuellement ne et auant quil succe la mamelle se on luy donne a menger dune pomme cuite : iamais apres toute sa vie il nen sera si luffres ne gourmant a table en boyre et eu menger. Et si en sera plus courtops en faits et en parole entre les dames.

Glose. Maroye Morelle dist sur ce texte
que quant vng enfant est ne qui luy porteroit
le petit boyau iusques au chief il en auroit
longue vie doulce alayne bonne voix et gra-
cieuse loquence.

Le quatorziesme chapitre.

Ie vous asseure pour aussi vray que Euangile que pour faire auoir aux enfans cheueulx
crespes tantost apres quils sont nes et de-
uestus dung pelicule quils apportent du ventre de la mere il conuient lauer leur chief de
vin blanc et en leur baing soyt mise la racine
de blanche vigne.

Glose. Dame Hermofrode sur ce pas dit en
corroborant le texte que qui feroyt seicher par
deux enfans ieunes et beaulx laubette du petit
enfant sur la pointe dune espee tranchante et

clere que lenfant sera toute sa vie beau et
hardy et bien venu entre les nobles.

Le quinziesme chapitre.

Or entendes bien vous toutes qui cy estes
presentes ie vous aduertis que iamais on ne
dopt tirer espee nue ne aultre long tranchant
deuant femme grosse que premier que riens
sen face ne luy va doulcement toucher du plat
sur son chief affin quelle demeure asseuree
et que son fruict en soit toute sa vie plus
hardy.

Glose. Peronne Bruette dist que pour ce
que on ne fist point ainsi a sa mere quant
elle la portoit elle a este et encores est si
paoureuse quelle noseroit coucher seule sans
auoir compaignie domme.

Le seiziesme chapitre.

Ie vous dy aussi vray que Euangile que
ieunes filles ne doyuent iamais menger cerises
a la derniere auec leur amoureux : car souuent aduient que celluy a qui vient la derniere demeure la derniere de toutes a marier.

Glose. Dame Sebile des Maretz dit sur
ce pas que les filles ne doyuent point menger
a cachons leur potaige auec leur amoureux :
car par coustume il aduient souuent que leurs
marys ont acointe a part et non pas les
femmes.

Le dix septiesme chapitre.

Encores vous dy que Dieu et raison deffen-
dent le parler ou le ramenteuoir deuant aulcune femme mariee en eage de porter enfans
ou qui est enceinte de quelconque chose pour

menger qui pour le present et a besoing ne
se pourroit trouuer affin que le frupet quelle
porte nen apporte enseigne sur son corps.

Glose. Dame Abonde du Four dist que par
ruer ou visaige de la femme qui porte enfant
aulcunes cerises freges ou vin vermeil lenfant en apportera sur soy aulcune enseigne.

Le dix huytiesme chapitre.

Saiches que homme qui se double en mariage est inhabile de paruenir a aucune
diguite. Et se sa femme luy faisoit le pareil
cas sans faulte il seroit cause de long et de
lautre mal et elle deueropt estre iugee et quicte
sans punicion.

Glose. Dame Ysouree la courte dist sur
ce pas que la femme qui veult que son mary
point ne se desuoye auec aultres femmes si
face pour troys lundis chanter messe de

saincte Auoye. Et ie vous dy pour certain que les dames de Paris en entretiennent ainsi leurs maris.

Le dix neufuiesme chapitre.

Quant on baptise aulcun enfant soit fils soit fille se la fille a deux parins elle aura deux marys ou plus : et aussi se le fils a deux marrines et sil vit eage dhomme il aura deux femmes ou plusieurs.

Glose. Certainement dist Ampelune Huguette ie doy bien mauldire leure que Guillaume mon mary en eut oncques tant : car il a troys femmes sans les acointes que point ne scay.

Le vingtiesme chapitre.

Quant on voyt les petits enfans courir parmy les rues a cheuaulx de bois a tous lances

et desguisez par maniere de gens de guerre
cest tout vray signe de prouchainement auoir
guerre et dissenciou ou pays.

Glose. Perrine Hulottore dist sur ce pas
que quant les petis enfans portent banieres et
confanons en chantant par les rues cest tout
signe de mortalite.

Le xxi. chapitre.

Se femme veult certaynement scauoyr se
son mary se double si aduise se vne playne
lune se passe sans elle approucher : certes
selle y a souppecon ce nest pas sans cause.

Glose. Ceste Euangile est bien vraye dist
Maroye Ployarde : car il y a plus de troys
lunoisons que Iehan Ployart mon mary ne
fist ne coup ne quoy et si suis encores femme
asses pour endurer.

Le xxii. chapitre.

On ne doyt point donner aux femmes grosses a menger de nulles testes de poissons
affin que par leur imaginacion leur fruict
napporte sur terre la bouche plus releuee et
plus ague quil nest de coustume.

Glose. Perrecte Faytos saige femme dist
quelle auoit receu plusieurs enfans qui
auoyent leur debout plus long oultre mesure
que les autres.

Le xxiii. chapitre.

Se dauenture vng homme bat sa femme
encaincte ou la pile du pye lorsquelle enfantera moult grant trauail en aura et bien souuent les en conuient mourir.

Glose. Dame Hermofrode dist que en ce
na aulcun remede fors quil conuient auoir le

soulier dont le mary la pila et quelle bonne a mesmes : et se ainsi le faict saiches quelle enfantera ligierement.

Le xxiiii. chapitre.

Sil aduient que aulcun ou aulcune engembe par dessus vng petit enfant saiches que iamays plus ne croistra se celluy ou celle mesmes ne rengembe au contraire et retourne par dessus.

Glose. Certes dist Sebile de ceste chose viennent les nayns et les petites femmes.

Le xxv. chapitre.

Saiches pour vray comme Euangile que se la chausse dune femme ou fille se deslye en my la rue et quelle le perde cest signe et ny a iamays faulte que son mary ou amy ne se desuoye.

Glose. A ce mot laissa le filler vne nommee Transsie damours icune de soixante et sept ans et dist quil nestoyt chose plus vraye que ceste Euangile : car des mercredy dernier passe ie ne vy mon amy Jolyet pour ce que en ce mesmes iour ie perdi mon iarretier en la rue.

Le vingt et sixiesme chapitre.

Et pour conclusion mes amyes et voisines et pour mectre fin a mes chapitres ie vous dy que quant a vne femme vient le mal des mamelles il ne luy fault aultre chose sinon que son mary luy face de son instrument naturel troys cercles enuiron le mal et sans aucune doubte elle en guerira.

Glose. Santine Tempremeure dist que on doit entendre ces troys cercles estre faicts au bout du ventre vng pou soubs la cainture.

Toutes les assistentes commencerent moult fort a rire de ceste ioyeuse conclusion et moult fort louerent la saige dame Ysengrine qui si haultement auoit continuee son Euangile et departy par vingt et six articles qui tous estoyent de grant sens et de grande importance et promprent quelles mectroyent paine de tant le repeter quelles les scauroyent par cueur pour les publier et communiquer a celles qui point nauoyent este a ceste lecture.

Moult me fut bel quant dame Ysengrine mist fin a son parler : car papier et chandelle me failloyent auec sommeil qui fort mauoit acueilly : car pres de mynuict estoit. Si voult prendre delles conge mais elles me prierent que auant que partisse ie veysse eslire celle qui a lendemain deueroit lyre son Euangile. Si se myrent toutes ensemble a conseil et

dong commun accord esleurent Transeline
du Croq vne ancienne damoiselle laquelle
prist voulentiers la charge de ce faire et me
requist tresinstamment en la presence delles
toutes que a ce besoing la voulsisse seruir.
Ie luy promis que enuys que voulentiers mais
dune chose la requis cest quelle venist vng
pou plustost que ce lundy nauoyent faict
affin de euiter le trauail de la nuyct et le
veiller qui les peulx trauaille.

—

Sensuyt la continuacion des Euan-
gilles faictes et leuctes par dame
Transeline du Croq pour le mardy en lostel et a heure acoustumee.

Quant vint le mardy enuiron cinq heures du
vespre commencerent venir et assembler fem-

mes tant vieilles comme ieunes de toutes
pars. Car desia elles auoyent publye ce que
le lundy auoit este faict et ce que le mardy
faire se deuoit par dame Transeline du Croq
femme bien renommee : car elle estoit gentil
femme eagee de soixante ans : longue et maigre estoit. En ses ieunes iours auoit demoure
auec vne dame qui scauoit partie de lart de
geomancie et rendoit raisons de plusieurs
choses aduenir auec laquelle elle aprist moult
daugurie dont depuys elle fut moult renommee et honnouree : mais pour ce quelle auoit
vng iour menge sa souppe auec Venus faicte
au chauldron damours oncques depuys ne
cessa de exercer son seruice auec les subiects
dicelle. Et en sa vieillesse sestopt retraicte et
alliee auec le cure de la ville qui de nupct et de
iour auoit sa confession pourquoy toutes celles
de son voisinage lauoient en grant reuerence.

Dame Tranfeline doncques venue entrelles salua toute la compaignie. Et apres quelle meut demande se ma plume estoit preste descripre commenca a parler en ceste maniere.

Le premier chapitre.

Or ca dist elle mes bonnes voysines et amyes en continuant nostre propos du soir procedent ie vous prye que silence soit faicte et ie vous dy pour aussi vray comme Euangile que quant vne femme veult estre de son mary ou de son amy bien aymee si luy face menger de lerbe de chat et il sera delle si tresamoureux que il naura aulcun repos se dempres elle nest.

Glose. Ceste chose est veritable dist Gurge Fauuelle car tout ainsi en fis a mon mary et luy en fis vne salade. Mais ceste amour ne

dura que six sepmaines pourquoy ie cupde
quil le faut renouueller souuent.

Le second chapitre.

Et si vous dy que qui pourroit finer dong
vray mandragoire et le couchast en blancs
draps et luy presentast a menger et a boyre
deux foys le iour : combien quil ne menge ne
boyue cellup qui ce feroit deuiendroit en pou
despasse moult riche et ne scauroit comment.

Glose. Certes dist Iehanne Gastelliere on
dist : mais cest en tapinaige que Alexus dit
Cornet est ainsi deuenu riche.

Le tiers chapitre.

Ie vous dy pour Euangile que quant aulcun se met au chemin et vng lieure luy vient
au deuant cest vng tresmauluais signe. Et
pour tous dangiers euiter il dopt par trops

fops soy retourner dont il vient et puis aller
son chemin et alors sera il hors du peril.

Glose. A ceste parole se leua Marope la
Face et dist tout hault que cestuy chapitre
estoit moult veritable : car son parastre
auoyt rompu la iambe au cheoir de son cheual
apres quil auoyt rencontre vng lieure : mais
qui rencontre vng loup vng cerf ou vng ours
cest tresbon signe.

Le quart chapitre.

Oncques homme saige ne monta sur asne
pour lonneur de nostre seigneur qui dessus
monta : mais tresbien sur cheual : car qui
chiet de lasne il dist crieue et qui chiet de
cheual il dist lieue.

Glose. Sur cest article se peult faire vng
argument car quant Ioseph mena la vierge
Marie en Egipte elle monta sur vng asne et

toutesfoys elle nen eut nul grief. Respondit dame Sebile du Fosse que encore nauoit point Jhesucrist monte sur lasne comme il fist depuis. Replica vne ancienne nommee Perrecte du Trou punays que si auoit et que nostre dame lemporta auecques elles monte sur lasne : pour cest argument sourdit grant noise entre toutes les assistentes et tellement que les vnes soustenoyent le texte de ceste Euangile et les aultres soustenoyent la Glose : et si grant clameur sourdit entrelles que on ne scauoit a laquelle entendre. Toutesfoys dame Transeline comme presidente pour celle nuyctee leur imposa silence : affin quelle peust paysiblement parfaire sa lecture : laquelle chose elle obtint a tresgrant paine.

Le cinquiesme chapitre.

Mes voisines pour muer propos et abais-
ser vos debats ie vous dy pour Euangile que
se vne femme laisse son treppe ou son grieil
sur le feu sans y mectre ou baston ou tyson
ardant saiches quelle en enuieillist fort et en
aride le visage.

Glose. Dist vne des fileresses nommee Piate
au long nez que qui sen va coucher sans re-
muer le siege sur quoy on sest deschausse il
est en dangier destre ceste nuyct cheuauche
de la quaquemaire.

Le sixiesme chapitre.

Qui laisse de nuyct vne selle ou vng treppe
les piez dessus autant et aussi longuement
est lennemy a cheual dessus la maison.

Glose. Certes dist Isoree la Tempriene

que sa grant mere disoit que autant de grans
dyables sont assis dessus chescun pye se
ainsi demoure comme il en y a.

Le septiesme chapitre.

Ie vous asseure et dy pour Euangile que
quant agasses ou pyes iargonnent dessus
vne maison que cest signe de tresmaaluaises
nouuelles : mais se prondeles y iargonnent
ou y font leurs nydz cest signe de bon air et
de bonne fortune.

Glose. Bertrud des Blez dist que quant
vne cygoigne faict son nyd dessus vne cheminee cest signe que le seigneur de lostel sera
riche et viuera longuement.

Le huytiesme chapitre.

Quant les oreilles escoupissent ou demen-
guent a aucun saiches pour verite et comme

Euangile que se cest la droicte oreille ce seront bonnes nouuelles et se cest la senestre
elles seront mauluaises.

Glose. Ysabel de la Creste Rouge dist
sur ce propos que quant le nez escopit cest
signe de boyre vin vermeil.

Le neufyesme chapitre.

Quant les poix ou les choulx boueillent ou
pot qui est mys hors du feu saiches pour vray
que en cestuy hostel ny a nulles sorcieres.

Glose. Perrecte Tost Vestue dist que la
chose que les chauches vieilles creignent le
plus cest vng pot que boult hors du feu.

Le diziesme chapitre.

Or entendez vous toutes bien ce chapitre
car ie vous dy que qui doubte la chaucheueille
que ne viengne de nuyct a son lict il conuient

mectre vne sellecte de bon boys de chesne
deuant vng grant et bon feu : et se elle venue
se siet incontinent dessus iamais de la ne se
pourra leuer quil ne soit cler iour : et est
chose esprouuee.

Glose. Iehanneton Tost Preste dist quelle
oublia vne foiz a ceste chose faire mais elle
apres quelle fut chauchee tasta que ce pouuoit
estre si trouua que cestoit vne chose velue de
assez doulx poil.

Le vnziesme chapitre.

Qui laisse le samedy a parfiler le lin qui
est en sa connoille le fil qui en est file le
lundy ensuyant iamais bien ne fera et si on
en faict toille iamais elle ne blanchira.

Glose. Dist Marion la Bleue pour ce que
les femmes dAlemaigne ont ceste coustume
que de laisser le lin a la connoille le samedy

iamais leurs toilles ne sont blanches. Et cest
verite il appert aux chemises que les hommes
en apportent par deca.

Le douziesme chapitre.

Qui se abstient de torcher son derriere
derbe de fueilles ou daultre verdure qui ait
creu sur terre il naura ia mal en leschine ne
es rains.

Glose. Piatine la Verde dist a ce propos
que celluy qui se faict il naura iamais les
trenchoisons en la teste : mais en ce lieu il
aura souuent sa chemise doree.

Le treiziesme chapitre.

Celluy qui ne iecte ou seuffre iecter ou
feu les os apres quil en a menge la chair
iamais naura mal es dens pour lonneur de
sainct Laurens.

Glose. Mais Noyr Trou afferme ce chapitre estre vray mais elle dist que en ce lieu les chiens se combatent voulentiers.

Le quatorziesme chapitre.

Celluy qui point dargent na en sa bourse se doit abstenir de regarder la nouuelle lune ou aultrement il nen aura gayres tout au long dicelle.

Glose. Robinette Noyre Tache dist sur ce chapitre que celluy qui appercoit le croyssant a plaine bourse il le doibt saluer et encliner deuotement et pour certain il multipliera tout au long de celle lunoison.

Le quinziesme chapitre.

Celluy ou celle qui trouue le tresfle a quatre fueilles sil le garde en reuerence saiches

pour aussi vray que Euangile quil sera eureulx toute sa vie.

Glose. Sur cest article dist dame Sebile
Rouge Entaille que se vng homme passe a
piez nuz sur le tresfle a quatre fueilles il ne
peut eschapper dauoir les fieures blanches et
se cest vne femme elle sera quocnte.

Le seiziesme chapitre.

Quant vng homme trouue sur sa robe vne
yreigne cest signe destre ce iour moult eureulx : et pareillement qui trouue le fer dung
cheual ou partie dicelluy il aura bonne fortune.

Glose. Lors se leua Francine Moles Testes
et dist que quant on trouue au matin deuant
desieuner argent a terre cest tresmauuais
eur sil ny a de lor parmy.

Le dix septiesme chapitre.

Quiconques frotte vng porion la veille de sainct Jehan de la fueille dung sehus et puys la boute parfont en terre a mesure que celle fueille pourrira le porion seichera.

Glose. Ysabel de la Doutre dist que ceste auoyt aultresfoys faict : mais de frotter le porion du layt dune fueille de pissenlit il en seiche plustost car elle lauoit esprouue.

Le dix huytiesme chapitre.

Quant vng homme trouue en son iardin vng vaisseau des abeilles atachees en vng arbre sil ne lestreine donc piece dargent cest mauluais signe.

Glose. Baudinon Gorgecte dist que celluy qui approprie a soy les abeilles sans les es-trener comme dist est ou texte elles ne feront

que piquer celluy et iamais ne laimeront ue
ne luy feront profit.

Le dix neufyesme chapitre.

Celluy qui le iour sainct Vincent lpe les
arbres de son iardin du lyens de paille de
fromment il aura cestuy an plante de fruictz.

Glose. Emmeline la Crottee dist a ce propos que qui esbronde le iour des brandons
ses arbres saiches pour vray quilz nauront
en tout cest an nulles vermines.

Le vingtiesme chapitre.

Celluy qui estreine sa dame par amours le
iour de lan de couteaulx saichez que leur
amour reffroydera.

Glose. Dist a cest article Colecte du Creu
ie vous asseure que celluy qui estreine sa dame

despinceaulx a grosses testes que lamour en
deuient plus ardant et plus durable.

Le xxi. chapitre.

Celluy qui franchement peut cheuaucher
lours neuf pas dung tenant il est affranchy
de neuf paires de maladies.

Glose. Dist vne vieille matrone qui derriere
les aultres estoit : ie cupde bien quil soit vray
de la garison des dicts neuf maladies : mais
non pas de celles dont lon chiet a la ren-
uerse.

Le xxii. chapitre.

Quant vous voyes vng chat assis sur vne
fenestre au soleil qui leiche son derriere et
quil leue la pacte au dessus de loreille il ne
vous conuient doubter que celle iournee il ne
pleuue.

Glose. Lors se leua dame Mehault Cail-
lotte et dist que point ny a faulte : car encores
est sa buee en la iarle quelle nose lauer pour
ce que son chat ne cesse de leicher son derriere.

Le xxiii. chapitre.

Qui se siet au feu et escript es cendres
de son doy ou dung baston ou qui se ioue du
feu cest signe quil a pisse ou quil pissera
au lit.

Glose. Peronne lŒnfumee dist en affer-
mant ce texte que celluy qui regarde sa femme
couurir le feu deuant luy sans soy leuer saiches que celle nuyct il ne cessera de ronfler
et de dormir : et se cest vne fille a marier elle
ne sera de lannee mariee.

Le xxiiii. chapitre.

Quant on craint que son chien ne soyt

mors de chien enraige faictes le menger et
boyre parmy vng trepie et il sera ce iour asseure de la rage.

Glose. A ce propos dist Guillemette la
Boiteuse que qui veult son chat ou sa geline
tenir a lostel sans le perdre si preigne ou le
chat ou la geline et la tourne par troys foys
en tour la carmaliere et puis leur frotte leurs
pactes contre le mur de la cheminee et sans
nulle faulte iamais de cest hostel ne se de-
partiront.

La Conclusion de ceste Journee.

Sur ceste Euangile commencerent toutes
les assistentes moult fort a rire et de faict en
laysserent le filer et desuuyder et moult fort
louerent dame Transeline du Crocq de la de-
ducion de son Euangile ensemble celles doctoresses et saiges femmes qui auoyent glose

et si honorablement deduit et postile que
mieulx on ne les pourroit exposer : ie me leuay de mon siege a demy lasse et desia se-
mons du messaiger du Dieu dormant pour
aller le mectre en son repos : mais auant mon
departement ie voult veoir faire lelection de
celle qui lendemain deuoit presider. Les femmes doncques ayans laisse le rire dirent que
tems estoit de eslire la dame qui lendemain
presideroit. Sy eslurent dung commun accord
dame Abonde du Four qui laccepta benigne-
ment et promist den faire son pouuoir. Apres
ceste election ainsi de dame Abonde du Four
ie me departis le plus secretement que ie peus
car elles se prindrent si fort a caqueter ensemble quelles neurent regard a mon departement.

—

Sensuyt la continuacion des Euangiles des Connoilles faictes le
mercredy par dame Abonde du
Four.

Le mercredy au soir a heure acoustumee conuindrent et sassemblerent toutes les femmes

qui auoient acoustume dy estre ensemble plusieurs autres qui par auant ny auoient este
par la induction de leurs voisines. Et elles
ainsi assemblees suruint dame Abonde du
Four qui pour ceste nuyct deuoit et estoit
ordonnee pour lire son Euangile comme elle
fist. Mais auant que ie procede aux chapitres
dicelle ie vueil descripre de son estat la maniere. Il est vray que en ses ieunes iours elle
fut marchande de luxure a detail et puis en
tint bouticle en gros a Bruges entre les mar-
chans. Belle femme auoit este en sa ieunesse:
mais le vin et les bons marceaulx quelle auoyt
prins et souuent lauoyent faicte si grasse
que au peu auoit sa rondeur sa longueur: et
a brief dire elle auoit vne partie de sept ars
en sa memoire: car elle auoit estudie a Paris
par lespace de sept ans au colliege de Glati-
gny dont elle auoit rapporte mainte parfonde

science. Elle doncques venue sen alla ou siege a ce determine : et apres silence faicte des assistentes commenca pour son theume et premier chapitre en ceste maniere.

Le premier chapitre.

Pour le premier chapitre de mon Euangile ie vous asseure que pour pisser entre deulx maisons ou contre le souleil on en gaigne le mal des yeulx que on appelle le leurieul.

Glose. Aulcuns lapellent la rougerole dist Beatrix Flabaude mais ie croy mieulx que ceste maladie viengne de trop boyre a la fontaine damours.

Le deuxiesme chapitre.

Pour escheuer de nou venir en paralisie de la teste ou des rains il se fault abstenir de menger de teste ne de chair de chat ou de ours.

Glose. Dist dame Berthe au court talon
ie cupde et croy que pour le palasin des rains
il se fault garder de coucher a lenuers voyre
les femmes et les hommes au contraire.

Le tiers chapitre.

Qui se mect a pisser contre vne eglise ou
en vng foyer cest grant merueille se auant
sa mort il ne chiet en appopelisie : car du
moins il sera grauelleux.

Glose. Certainement dist Iacquemine Ga-
lopse qui longtems auoit seruy le cure : ie
vous asseure que celluy qui ainsi pisse ou
faict sa necessite contre leglise ou foier leaue
benoiste quil recopt le dimenche ne le peult
aider contre le tonnerre pour celle sepmaine.

Le quatriesme chapitre.

Se vne femme percopt vng loup qui la

supue elle doyt tantost trayner sa cainture par terre apres elle en disant : garde toy loup que la mere de Dieu ne te fiere : et tantost tout confus sen retournera.

Glose. Iehanne la Saulnaige dist se aulcun voit le loup deuant que le loup le voye il naura pouuoir de luy meffaire. Et pareillement la personne au loup.

Le cinquiesme chapitre.

Quant le seigneur ou la dame dung hostel est malade et vng corbeau vient crier dessus la cheminee ou la maison ou le pacient gist : cest grant signe quil mourra de ceste maladie.

Glose. Mehault Cost Preste dist a ce propos que quant vne agache y vient iargonner cest bon signe et que le pacient guerira.

Le siziesme chapitre.

Quant le vent descorcheuel vente les femmes sapges et bonnes mesnagieres dopuent
tailler le bout de loreille dextre de leur ieune
veau et gecter celle piece a lencontre du vent
affin que leur veau croisse et amende comme
il fera.

Glose. Certes dist Maroye Joue Bruslee ie
croy que qui promectroyt a sainct Bartholompeu
sa dextre corne quil souffiroit.

Le septiesme chapitre.

Mes bonnes voisines ie vous vueil en ce
chapitre dire lung des plus grans secrets que
iaye oncques aprins en Sauoye : cest pour
aussi vray comme Euangile que quant aulcune tempeste leuera en lair vous deuez tantost faire du feu de quatre bastons de chesne

en croix au dessus du vent et luy faire vne croix dessus et tantost la tempeste se tournera de couste et ne touchera a vos biens.

Glose. Baudine Camuse dist bien que au pays de Sauoye a plusieurs saiges femmes : car pour faire bel ou lait tems elles en sont maistresses.

Le huytiesme chapitre.

Quant les vanettes sentent la tempeste esmouuoir en lair et quelles volent et crient sur leaue en bas cest signe quil pleuuera sans tempeste : mais quant elles se taisent elles redoubtent fort le tonnerre.

Glose. A ce propos dist Mabelye Joliette que quant les cignes ou les oyes se baignent et debatent en leaue il ny aura aulcune faulte quil ne pleuue celluy iour.

Le neufuiesme chapitre.

Quant on oyt chiens hurler on doyt estoupper ses oreilles car ils apportent mauluaises nouuelles : et par contrayre on doyt ouyr le cheual crier et haignir.

Glose. Magnon Broquecte dist en approuuant cest article que quant on oyt les loups hurler on se doyt mectre en bon estat : car cest signe de grant pestilence aduenir par guerre ou par famine.

Le diziesme chapitre.

Quant vous veez les loups venir querre leur proye pres des villes ou dedens les villaiges saiches que cest grant apparessence de chier tems.

Glose. Iehanne Baguecte dist sur ce texte que quant cerfz bisches ou dayns viennent

paistre pres des villaiges et des maysous
cest bon signe et habondance de tous biens.

Le unziesme chapitre.

Ie vous dy pour Euangile que nul qui
veult gaygner au ieu des dez ne se doyt iamais
asseoir pour iouer son dos deuers la lune ou
quelle soit lors ains luy doit tourner le visaige ou se le contraire iamais il nen leuera
sans quil perde.

Glose. Michelette Hochue dist a ce propos
que qui veult gaygner aux dez par iour il
conuient faire le contraire car il fault tourner
le dos au souleil.

Le douziesme chapitre.

Ie vous dy mes voisines que quant on mect
blancs draps en vng lict lange de Dieu se

repouse iusques a ce que on y faict ou pet
ou vesse.

Glose. Marion Ord Trou dist que tantost
que lange sest departy du lict le dyable puant
y entre dont souuent en sourt grande noise
entre homme et femme.

Le treiziesme chapitre.

Celluy qui recoyt de leaue benoiste le dimenche a la grant messe le dyable mauluais
en toute la sepmayne ne peult celluy ou celle
tempter ne approucher a sept piez pres.

Glose. Berte la Lourde dist que qui ne
recoit de leaue benoiste le dimenche le dyable
luy peut et iour et nupct asseoir inuisiblement sur lespaule : et qui ne la recoyt de la
main du prestre saichez quelle na ne force ne
vertu.

Le quatorziesme chapitre.

Celluy qui souuent benist le souleil la lune et les estoiles ses biens luy multiplieront au double.

Glose. Iossine Tost Preste dist que qui a son coucher salue lestoile pouciniere il ne seroit possible de perdre aucun de ses pouletz et se multipliroyent doublement.

Le quinziesme chapitre.

Celluy qui au matin a son leuer faict le signe de la croix et laue ses mains ains quil passe hors de son huys le dyable pour ce iour naura pouuoir de le greuer : et sil ne le faict quelque labeur quil face tout ce iour ne luy pourra multiplyer.

Glose. A ce propos dist Geffryne Tost Preste que qui ne faict dire le benedicite a son disner le dyable inuisiblement siet a celle table et p bopt et mengue.

Le seiziesme chapitre.

Quant aulcune femme porte des chappons a la bonne ville pour les vendre ou aultres choses selle dauenture chausse au matin son ppe dropt premier elle aura bon eur de bien vendre.

Glose. Ceste chose mest souuent aduenue dist Tost Meure : et oultre ce ay este maintes foys estrenee de tel marchant quil en penseroit a marrir sil le scauopt.

Le dix septiesme chapitre.

Quant vne femme entre au matin en son estable pour typrer ses vaches selle ne dist vous saulue dieux et saincte Brigide voulentiers les vaches du ppe de derriere regibent et souuent brisent le pot ou respandent le laict.

Glose. A ce propos se leua vne vieille qui nauoit plus que vne dent et dist en audience que quant les veaulx ne veullent boire ne au doy ne aultrement que le toreau qui engendra ce veau neut point damour a la mere.

Le dix huytiesme chapitre.

Se vne cense a plante de brebis qui ayent pluspeurs aigneaulx et apres que la disme payee on nen presente chescun an vng au loup : certes il en prendra vng nonobstant garde que on y commecte.

Glose. Emmelote du Glay dist a ce propos que qui ne presente vng aignel au loup en lonneur de laignel de Dieu il saiche certainement quil en y aura de foyreux en lannee.

Le dix neufuiesme chapitre.

Qui cueille ou eslit les choux le samedy apres nonne pour le dimenche cuyre et menger il en vient de ligier a celles qui ce font le mal que on dist le iopau Nostre Dame.

Glose. Jehanne Court Talon dist que ainsy luy aduint en sa ieunesse mais vng ieune medecin len guerit asses doulcement en pou de temps.

Le vingtnesme chapitre.

Quant vng homme est prest pour monter a cheual : il ne dopt prendre de la main de sa femme son espee ne autre piece de harnoys car a son besoing il ne sen pourroit deffendre.

Glose. Dist vne des assistentes nommee Angeline Verde Vaisse que ainsi en aduint il a son premier mary car en cheuaulchant de

nupet il vit a la clarte de la lune vng espou-
nentaire de coste Sauoye mais il ne sceut
oncques tirer son espee que luy auoye baille
de haste quil en eut de senfouyr.

Le xxi. chapitre.

Celluy qui pisse contre le souleil il deuient en sa plaine vie grauelleux et si engendre souuent la pierre.

Glose. Ie croy dist Agnechon la Pelee que
la grauelle viengne plustost de boire vin
trouble ou aultre breuuage trouble et espe-
cialement de cheuaulcher sans selle.

La Conclusion de ceste Iournee.

Apres ceste Euangile fist pause dame
Abonde du Four : car il ne lui estoit pas possible de proceder en oultre a sa lecture pour
le murmure des risees que les fileresses firent

lors toutes ensemble. Et quant a piece de
temps elles firent aulcun pou de silence elles
remercierent moult dame Abonde de ses vrayes
Euangiles promectans que point ne les mectroyent en oreille de veau ains les diuulgue-
royent et publiroyent par tout leur sexe a celle
fin que de generation en generation elles fussent continuees et augmentees. Sur ce commencerent toutes a elles leuer et prendre leurs
connoilles fusaulx fusees happles vertoilles
toures et aultres bagaiges appartenans a lart
de fillerie pour elles retourner chascun en sa
chascune et ie troussay mes agoubilles pour
men retourner dormir car la minupt appro-
choit : elles apres plusieurs raisons esleurent
madame Sebile des Maretz pour lire lendemain a lheure acoustumee dont elles furent
fort ioyeuses et tandis quelles furent empeschees ie men retournay.

Sensuyt la continuacion des Euangiles par dame Sebile des Maretz le ieudy au soir.

Ce ieudy entre six et sept heures du vespre
aprcs souper conuindrent et assemblerent les
matrones et femmes acoustumees de venir

a la ferie ensemble et plusieurs aultres qui point nauoyent acoustume dy venir pour oyr lire a dame Sebile des Maretz son Euangile. Dame Sebile qui fort tenoit de grauite vint en la compaignie de plusieurs de sa cognoissance et se assist pour presider ceste nupce comme celle qui a ce faire estoit ordonnee : mais ie vous vueil toucher vng pou de sa vie et lestat de sa pueration. Ceste Sebile estoit de par sa grant mere venue de Sauoye dune contree nommee Vaulx dont premiers vindrent les Vauldois de laquelle science elle auoit beaucoup retenu. Elle auoit de eage enuiron cinquante sept ans maigre et longue femme estopt et si se disoit gentil femme a cause de Vaulx. Et en quelque lieu ou assemblee que elle se trouua elle auoit voulentiers la derniere parole pour tout con-clure et ainsy estoit elle auantagiere pourquoy il y eut plusieurs femmes qui pour ceste cause y vindrent qui au parauant ny auoyent este. Dame Sebile doncques assise en son siege apres silence obtenu commença son Euangile.

Le premier chapitre.

Qui veult que ses enfans ne soyent paoureux il est expedient que incontinent apres le baptesme de lenfant le pere luy face empoigner de sa main droicte son espee ou son glaiue et il sera toute sa vie hardy.

Glose. Dame Alix des Maretz sa soeur dist que qui feroit lire par vng prestre dessus lenfant lEuangile des trois Roys ou loraison sainct Charlemagne il seroit hardy et victorieux.

Le second chapitre.

Quant deux ieunes gens fils et fille sont
pour leuer vng enfant le prestre se doit mectre entre deux : car sil aduenoit quils preis-
sent lung lautre a mariage iamais nauroit
paix entre eulx.

Glose. Vne vieille qui la estoit dist tantost
sur cest article quil estoit certain et vray et
oultre que silz auoyent enfans ils feroyent
tous pute fin.

Le tiers chapitre.

Celluy qui cognoist chernellement sa commere a sa priere iamais ne peut en paradis
entrer se le fillueil son enfant ne fait. de son
gre la penitence premiere pour sa marryne
et apres pour son pere.

Glose. Cristine la Sauuaige dist que qui

prent sa commere par mariage toutesfoys quils se conioindent chernellement quil tonne voulentiers ou fait orage en terre ou en mer.

Le quart chapitre.

Quiconques cognoist chernellement nonnain ou femme violee par copulacion dhomme de religion ou prestre seculier saiches quils mourront tous a membre roit et a trop plus de douleur que aultres gens.

Glose. Fillecte lEstroicte dist que se de tel accouplement viennent enfans ils sont enclins a maulx et a fortune.

Le cinquiesme chapitre.

Vne meschine de prestre perseuerant en son peche iusques a la mort saiches pour vray comme Euangile quelle est cheualet au dyable et ne conuient prier pour elle.

Glose. L'une d'entre elles qui sçauoit de cest article respondit que le peche se pouoit estaindre par les prieres du prestre et par les enfans quilz ont engendrez iacopt que communement ilz ne facent gaires bonne fin.

Le sixiesme chapitre.

Se vng prestre seculier ou aultre religieux cognoist chernellement femme mariee il naura iamais du peche pardon se premierement ne luy est pardonne du mary delle.

Glose. Certainement respondit vne matrosne cest article croy ic bien car Dieu ne prent iamais sur le droit daultruy et apres il pardonne : le droit de partie sauf.

Le septiesme chapitre.

Se vng homme marie habite a la femme de

son voisin ou aultre femme mariee il mesmes
se clos la porte de paradis et ia ny entrera
comme fort quil y heurte.

Glose. Margot Clapier dist que iamais ne
luy sera ouuerte fors par celluy a qui tant a
offence quant encores il luy auroit pardonne.

Le huytiesme chapitre.

Quant le prestre a chante messe et que
aulcuns vont baiser lautel ceulx en celle
sepmaine ne doibuent baiser femme nulle se
ils lont espousee.

Glose. Certaynement dist vne vieille fille-
resse ceulx qui font contre cest article ne
fauldront auoir mal aux dens ou en la teste.

Le neufyesme chapitre.

Quant vne femme encaincte porte son en-

fant plus sur le coste dextre et quelle mengue
voulentiers venoyson et volatille quelle oyt
voulentiers parler de tournoys et de ioustes
saichez de vray quelle porte ong fils.

Glose. Mabelie qui mere alleresse estoit
dist que quant la femme porte sur le coste
senestre et apperte dances et sons dinstru-
mens que elle aura vne fille.

Le diziesme chapitre.

Se vne femme grosse denfant desire scauoir quel hoir elle porte escoutez la parler et
par elle mesme le scaurez quant elle deman-
dera quel hoir vous semble que ie porte : se
vous dictes ong beau fils et elle nen rougist
saichez pour vray quelle fera vne fille.

Glose. Dist Laurecte la Serie que se la
femme enceincte marche au mouuoir plustost
du pied droyt que du senestre elle porte sans

faulte vng fils et selle fait le contraire ce sera
vne fille.

Le vnziesme chapitre.

Quant vng homme engendre naturellement vng enfant sil luy pouoit lors sou-
uenir le temps quil luy aduint et il pensoit
comment apres le fait il se trouua dispose
aultre iuge fors luy ny fauldroit : car quant
lhomme engendre vng filz petit sen change
psource quil engendre son semblable : mais a
engendrer one fille qui est hors de sa com-
plexion il sen trouue fort aliene voire pour
deux ou pour troys iours.

Glose. Perrocte Galoise dist que incontinent que femme a conceu enfant masle pour
les troys premiers moys elle se porte assez
bien mais les aultres six moys moult en a
grant douleur plus que dvne fille toutesfoys

les troys premiers moys la fille lui baille
plus a souffrir.

Le douziesme chapitre.

Quant vous voyez les gelines assembler
dessoubs quelque appentis ou en requoy saichez pour vray que le temps se muera en
pluye de brief.

Glose. Puysque sommes entrez de parler
des gelines dist Emmeline Trumeliere ie vous
en diray droictes merueilles : car quant vous
voulez auoir vos poullets coppez dessus leurs
testes pour aussi vray que sommes icy il vous
conuient affubler vng sac a quoquide quant
vous mectez les oeufs couuer et les poullettes
seront toutes coppees dessus leurs testes.

Le treiziesme chapitre.

Et quant vous verrez alumer la supe de—

dens vos cheminees faictes luy la moe et
pour aussi vray que Euangile elle se estain-
dra a coup.

Le quatorziesme chapitre.

Mes ampes et voisines quant vous allez
au retrayt gardez vous de torcher vostre derriere de fueilles et pour aussi vray que Euangile iamais ne serez malade du mal Sainct
Coup de Fueillop.

Glose. Calle Court Talon dist quelle le fist
vne foys mais elle ne pouoit durer de deman-
ioyson tant luy demangoyt le dedens des
cuisses : ie croy que le dyable est en lerbe.

Le quinziesme chapitre.

Quant vng enfant est ne auant quil soit
baptise gardez vous de le mectre premierement

ne porter sur vostre bras senestre car pour vray il en seroit gaucher toute sa vie.

Glose. Martine Tost Preste dist a ce propos que se vous faictes tourner a vostre mary son visaige vers Orient tandis quil est en besoigne ou fait damours sil fait generacion ce sera ung fils.

Le seiziesme chapitre.

Qui se myre en ung myrouer de nupt pour aussi vray que Euangile il y voit le mauluais et si nen embellira ia pourtant ains en deuiendra plus layt.

Glose. Bellocte Camuse dit quil y a des myrouers a Bruges glace qui sont naturels et qui rendent les gens qui si myrent ung peu bruns mais ils ont mauluaise alayne.

Le dix septiesme chapitre.

Qui veult estre victorieulx en guerre ou eureulx en marchandise si vieste au matin sa chemise ce devant derriere ou a lenuers et pour vray il le sera.

Glose. Ceste reigle est sans aulcune faulte. Mais que la guerre ne soyt contre sa femme : car sil la vouloit battre il la perderoit.

Le dix huytiesme chapitre.

Quant vne femme a son coq lent et nyce elle luy doyt faire menger des aulx et lui en oindre la creste affin quil en deuiengne plus fort et plus vigoureulx : et aussi il en gardera mieulx ses droitz enuers ses gelines.

Glose. Qui pourroyt trouuer dist Marocte Ridee herbe qui rauxille les nices marys ien

donneroye iusques a ma chemise et deusse
aller pour mon pain.

Le dix neufyesme chapitre.

Qui veult nourrir et esleuer petis chiens
sans gaires croystre il doyt au matin lauer
ses mains en largement deaue et dicelle
mouiller le pain que on donne aux chiens de
celle eau a boyre et pour vray iamais plus
ne croistront ne que les mains diller sont
lauees.

Glose. Ie croy bien quil soit ainsi mais
Marote Pelee ma taye les nourrissoit en vng
pot et ils ne pouuoyent croistre plus grand
que le pot nestoit.

Le vingtiesme chapitre.

Quant vne femme se lieue de nupt pour
pisser deuant que le coq chante la tierce foys

et elle engembe par dessus son mary saichez
que sil a aulcun de ses membres royde qui se
amollira selle ne retourne en son lieu par ou
elle est engembee.

Glose. Maroye Ployarde dist que se cest
apres le premier chant du coq elle sans prei-
iudice sen peut retourner par la ou luy
plaist.

Le xxi. chapitre.

Pour certain mes voysines quant vous
orrez fort venter saichez que cest tout signe
de trayson ou au moins de mauluaises nouuelles.

Glose. Cest chose moult de foys esprouuee dont les exemples en seroyent trop longues a raconter.

Le xxii. chapitre.

Quant ong homme cheuauche par le chemin et il rencontre vne femme filant cest
tresmaulvais rencontre et doyt retourner et
prendre son chemin par aultre voye.

Glose. Iaquecte Ioquesus dist que se la
femme veult mucer sa connoille en son gyron
ou derriere son cul quil ne luy peult nupre :
mais sil par aduenture cheopt de son cheual
il se pourroyt bien fort blesser en aulcun de
ses membres.

Le xxiii. chapitre.

Ie vous dy pour conclusion et pour aussi
vray que nous sommes icy que se vne femme
veult que son mary ou amy layme fort elle
luy doyt mectre vne fueille de gauguper
cueillie la nuyct de sainct Iehan tandis que on

sonne nonne en son soulier du pye senestre et sans faulte il lapmera moult merueilleusement.

Conclusion de la Ferie du Ieudy.

A celle conclusion commencerent toutes les vieilles et ieunes qui presens y estoient a deuiser toutes ensemble et faire vng murmure comme toutes esbahyes des nobles auctoritez et vrayes Euangiles que Dame Sebile leur auoit expose et bien promirent entre elles de les retenir mectre en leurs memoires car sainctes et bonnes les tenoyent. Il me desplaisoyt moult que compaignye daulcun homme ne pouoye auoir pour rire : car certes la maniere quelles tenoyent estoit moult estrange et a mon aduis il leur sembloit que le monde par ses constitucions et chapitres se deuoit cy en apres gouuerner et regir par elles.

Or ca dist lune qui moult vieille et bossue
estoit nommee Mabelie du Cendrier mes voysines et ampes il est auiourdhuy ieudy vous
congnoissez et scauez que cest vng iour de
recreation et le plus gras de la sepmaine il
mest aduis quil seroit a propos que nous
feissions toutes ensemble vng petit banquet
ioyeulx pour recreer nos entendemens et nos
esperitz et especiallement pour reiouir nos
bonnes et saiges doctoresses qui iusques icy
nous ont instruictes et admonestees la noble
doctrine dont cy apres et sans nulle doubte
serons a iamais prisees et honorees et par
aduenture paruiendrons a auoir dominations
et seigneuries par dessus les hommes. Quen
distes vous. Certes dist vne siene voysine qui
estoit vne fort bonne Galloise et scauoit assez
du bas mestier nommee Mehault Poliarde ie
vous diray oncques femme ne dist mieulx ce

mest aduis ie men voys en ma maison secretement tandis que mon mary Poliart dort
et apporteray vne douzaine dœufs. Dist vne
aultre et moy ie men voys querir de la farine
et du beurre si ferons des gauffres : et ie
prends sur ma conscience que le vilain Ioquesus nen tastera ia. Respondit vne vieille
ridee nommee Florecte Dupre et moy ie men
voys querir vne quarte de bon vin doulx car
encore ay ie bien espergnez quatre ou cinq
deniers de quoy mon mary Mal Prest ne scait
rien.

Or sus doncques il fault que chascune
face diligence et mette peine de faire son
deuoir. Il en y eut vne qui commenca a dire
ie feray tout aprester. Tandis quelles estoyent
empeschees et ne pensoyent en autre chose
fors que dacomplir leur intencion ie me des-
party le plus secretement que ie peus et sans

congie me retiray car someil auoye. De la
bonne chere laquelle ils firent pour vous dire
le vray sans point mentir ie n'en scauroy
parler sinon de ce que lon ma dit et compte :
mais il ny a chose digne destre en escript
car en ce banquet il y eut tant de raisons
sans effect quil nest secretaire tant soit pu-
blicque qui en eut seu tenir le compte.

La continuacion de la iournee du ieudy au vendredy faicte par dame Gomberde la Faee.

Quant vint le lendemain 'a leure acoustumee et que les vieilles matrones et autres
voysines de toutes sortes furent iller arriuees

et venues premierement et auant que la dame
Gomberde la Faee fust venue pour presider
en son siege celles commencerent a deuiser
entre elles de la bonne chere que elles auoyent
faicte le soir precedent depuis mon despar-
tement par quoy ie sceus comment la nupce
sestoit portee et disoit dame Mabelye du Cendrier a Flourecte Dupre : dea voysine et comment vous beutes hier au soir ie croy que ce
fust pour mieulx dormir vous touchastes de
la tierce pinte. Et ie le croy bien respondit Flourecte pieca ne maduint dauoir si bonne nupce :
car le songart Ioquesus mon mary ne me
fist ne si ne quoy voire au moins qui vaille
passe a plus de neuf iours : ie croy quil face
sa nouuayne a quelque sainct maupreu luy
peust il faire de me ainsi espergner. Mais
puisque tems auons de deuiser comment
seupura Mehault Ployarde : il sembloit que

tout fust sien et a brief dire il ny auoit que
pour elle : il seroit bon de scauoir se elle ne
resueilla point son mary Plopart a son coucher. A hay respondit Mehault et pour Dieu
que on le laisse desormays en paix car il ne
vault desormays plus riens et moins que
riens que male froide ioye en peust on auoir.
Et comment dist vne ieune fille qui lescou-
toyt : dame Mehault vous qui estes si vieille
et si ancienne vouldriez vous encores gym-
berter et p a il en vous encores vapne qui p
tende. A ceste parolle mist dame Mehault
ses mains a ses coustez et en grant courroux
luy respondit que voirement auoyt elle encores vne verde vapne et quil nestoit si vieille
haye qui ne couchast bien a leuuers et que
pour coucher dessoubs il ne fallopt point
regarder a leage : mais seullement au bon
vouloyr qui encores luy estoyt demoure : et

que Dieu mercy encores fondoyt tres bien le
beurre en sa bouche combien quelle ne peust
casser noysettes : car elle nauoit que vne
seulle dent.

Adonc vint dame Gomberde la Face pour
commencer son Euangile : a la venue de laquelle fut faicte silence : mais ce fut a tres
grande peine : car dame Mehault estoit si
mal contente de ce quelle auoit este appellee
vieille et si ne auoyt encores que septante
et sept ans que nullement se vouloit appaiser.
Toutesfois tant len pria len quelle se teut la
Dieu mercy. Si prins ma plume et mon papier et me mis en mon denoir de noter ce
quelle disoyt : mais auant que ie procede a
ces chapitres ie vous vueil dire qui fut ceste
saige doctoresse Gomberde. Elle estoit de par
sa mere dAnuergne et de par son pere de
Piemont : de simple et assez belle maniere

estoit deuant les gens : car elle se disoit
gentilfemme : mais se aulcun auoit perdu
quelque chose elle se mesloit de le renseigner
et qui eust a faire daulcune fille secrete elle
en eust fait plaisir pour gracieulx vin et estoit la pratique de quoy elle sentretenoyt le
mieulx. Soubtille estoit comme il apperra par
sa lecture. Quant elle fut assise et que silence fut faicte elle commenca son theume en
ceste maniere.

Le premier chapitre.

Or sus dame Gomberde laissons toutes
riotes et debats ester et commencons pour
lonneur du vendredy ouquel nous sommes
a parler du sainct sacrement de mariage :
car iay este sept foys mariee mais ce nonobstant se le viii. me venoit et il estoit a
mon hayt encores y entenderoye voulentiers :

et pour de luy estre fort aymee ie luy ferope
menger vne souppe dherbes cueillpes la nupct
de la Sainct Iehan a nonne. Et pour vrap il
ne luy seroit possible de me laisser pour vne
aultre plus ieune de moy.

Glose. Dist Belocte Court Talon a ce propos que se vne femme mettoit en loreille de
son mary des plumes dung chappon qui auroit mene ieunes poussins et du poil de la
droicte pacte de son chien et du poil du bout
de la queue de son chat il ne pourroit iamais
oublier lamour delle.

Le second chapitre.

Se vne femme veut estre au dessus et que
son mary ne la bacte il fa
ult prendre toutes
ses chemises et quant le cure lit la passion
le Vendredp Sainct les mettre dessus lautel
et luy faire vestir le dimenche ensupuant :

saichez que tant quil laura vestue il sera a
sa femme doulx et courtoys.

Le tiers chapitre.

Se vne femme veult que son mary ayme
mieulx vng de ses enfans que lautre si luy
face menger des deux bouts des oreilles de
son chien la moytie et a lenfant lautre moytie et ils sentreaymeront si fort que aprez
pourront ils estre lung sans lautre.

Le quart chapitre.

Se vne femme veult faire que son mary
ayme tous ses enfans oultre mesure si preigne
de lorine de tous ses enfans a toute eau belle
et clere par neuf iours au desceu de son
mary luy en fasse lauer ses mains et son
visaige et sans faulte il les aymera oultre
mesure.

Le cinquiesme chapitre.

Qui veult affranchir son chien de deuenir enraige si luy donne a menger tous les iours au matin du propre pain vng morceau ou deux qui aura este porte a l'offrande le dimenche dernier passe et sil le refuse saichez pour tout vray quil est mal dispose.

Glose. Mariocte Pellee dist que qui ne veult point estre assailli ne abaye de chiens de iour ne de nupct si ayt dung bon formage rosti et leur donne en disant in chamo et freno tout au long et pour certain ils le laisseront en paix voire et fussent ils enraigez.

Le siziesme chapitre.

Femme qui desire que ses vaches donnent chascune autant de laict comme celles de ses voysines elle doibt bien son vaisseau en quoy on recoyt lait frotter de bonnes herbes cueillies sur la nuyct de monseigneur sainct Iehan tandis quon sonne nonne.

Glose. Ie croy dist Iannette Grosse Mocte que qui mettroit ces herbes ainsi cueillies la nuyct Sainct Iehan dessoubs lhuys de lestable ou les vaches couchent en disant que Dieu les saulue et saincte Brigide quelles donneroyent tousiours de bien en mieulx.

Le septiesme chapitre.

Qui veult auoir de ses vaches lyuer et leste beurre frais il doibt quant ils sont en sault les mener deuant le toreau et les luy laisser fleurer sans toucher et mener la vache troys iours autour du toreau et puis luy laisser saillir et vous aurez toute lannee frais beurre.

Le huytiesme chapitre.

Quant vne femme grosse eniambe le ty-
mon dune charrue se cest vng fils il aura
gros membre et dur a merueilles et se cest
vne fille elle aura grosses leures a merueilles aussi bien dessoubs comme dessus.

Le neufyesme chapitre.

Femme qui iamais ne veult perdre son
bon chat quant on la on luy doibt oindre les
quatre partes de beurre par trops vespres et
iamais de cestuy hostel ne se despartira pour
tout certain.

Le diziesme chapitre.

Ie vous dy pour aussi vray que Euangile que se vne personne menge dune beste
que le loup aura estranglee et de laquelle

il aura par aduenture menge a grant peine
peult pcelle personne rendre lame se le loup
nestoit premierement mort.

Glose. Au moins ne pourroit il parler
dist Belocte la Cornue par long temps sil
nauoit fait son offrande a monseigneur sainct
Loup.

Le unziesme chapitre.

Quant on voyt blancs religieux aller ou
cheuaucher par les champs nul ne se doibt
bouter a cheminer celle part pour le layt
temps qui par coustume leur suruient.

Glose. Aulcunes saiges femmes dist Margot la Pellee ont dit pour vray que le rencontrer du matin dung blanc moyne est tres
mauluais signe. Mais le rencontrer dung
noir est par le contraire bon signe : voire
mais quil nayt riens de blanc.

Le douziesme chapitre.

Quant vne espousee va de sa maison a lesglise pour espouser son fiance la meilleure de toutes les prieres que on luy donne demeure a son prouffit. Moyennant quelle remercie incontinent le donneur autrement celle priere ne luy vauldroit riens.

Glose. Dist vne bonne Galoyse nommee Perrine Bleue Ceure de cest chapitre iay trouue vne exception : car quant iallay espouser Iehannot Bleue lors mon mary ma tante me salua en priant que ie peusse auoir bon et roidde encontre dont ie len merciay. Mais il men aduint tout aultrement : car ie le trouuay si doulx quon le eust lye au droyt neu que ou en ait froyde ioye.

Le treiziesme chapitre.

On ne doibt iamais mectre couuer les oeufs de gelines ne dauectes par le iour du vendredy car pour vray les poussins qui en viennent sont voulentiers demorez des oiseaulx et des bestes sauluages.

Glose. Certaynement dist Maroye du Cendrier iay souuent ouy dire quil fault se garder de mectre oeufs couuer deuant que la lune se reface et le iour apres quelle est refaicte car les poussins qui en viennent ne font iamais bonne fin.

Le quatorziesme chapitre.

Quant a vne femme luy demenge la gorge ce luy sont bonnes nouuelles que brief pra aux nopces ou a la releuee fayre grande chiere : mais quant la teste luy desmenge cest

signe contraire car elle pourra bien estre
battue de son mary.

Glose. Perrecte Longues Testes dist que
quant la gorge demengue a vng homme qui
aultresfoys a battu sa femme cest tout signe
de pendre.

Le quinziesme chapitre.

Quant on vöyt plante de chauuessouris
voler en tour vne maison il en fait bon des-
loger : car cest vng grant signe que tantost
on y boutera le feu.

Le seiziesme chapitre.

Qui de nupct laisse sur sa table la nappe
estendue et les souris viennent par nupct
sur la nappe menger les myectes du pain qui
y sont demourees quelconcques mengue len-

demain sur ycelle sés dens luy deuiendront noyres et tost apres pourriront.

Glose. Maroye Bouche d'Or dist a ce propos que de menger chault potaige et especiallement poree de choulx on en a les dens noyres.

Le dix septiesme chapitre.

Quant vng enfant est noulueau ne se cest vng fils il le conuient porter au pere et luy bouter les piez contre la poyctrine et pour certain iamais ne fera male fin.

Glose. Cremine Fauuelle dist a ce propos que quant vne femme est acouchee dune fille il conuient lasseoyr sur la poyctrine de la mere en disant Dieu te face preude femme et iamais elle naura honte de son corps.

Le dix huytiesme chapitre.

Quant vne femme couche auec son mary et veult auoir plustost vng fils que vne fille elle doibt tenir ses mains closes tandis que son mary faict locuure de nature et pour vray elle aura vng fils.

Glose · Aulcunes anciennes matrones maintiennent que qui veult faire vng fils il le conuient faire au matin de iour et vne fille au vespre et de nuyct.

Le dix neufyesme chapitre.

Vne femme qui veult auoir petis enfans tandis quelle porte se doibt desieuner au matin dune tostec de pain blanc en vin et sans faulte lenfant quelle porte sera petit!

Glose. Dist vne vieille qui la estoit ie croy mieulx que les petis enfans soyent engendrez

en faulte de la lune que aultrement : car par
coustume les hommes ont lors deffaulte de
mouelle.

Le vingtiesme chapitre.

Mes ampes se vous voulez scauoir se vne
femme est grosse vous deuez dire a la femme
qui se doubte destre grosse quelle pisse en
vng bassin et puis que elle mecte vng locquet
dedens ou vne clef : mais il vault mieulx que
ce soit vng locquet et soit laisse ledit locquet
dedens le bassin auec lorine trops ou quatre
heures et puis soit respendue lorine et soit
leue ledit locquet et se vous voyez que lim-
pression du locquet demoure ou bassin croiez
de vray que la femme de qui est lorine est
grosse ou si non elle ne lest pas.

La Conclusion de la Ferie du Vendredy.

Pour ceste derreniere glose sourdit grande tumulte entre les femmes illec assemblees : tant de rire comme de parler toutes ensemble et ne sembloyt aultre chose fors que ce fust vng marche de hyre hare sans ordre et sans vouloir entendre lune lautre ne actendre la fin de leurs raysons. Pourquoy quant ie vy ceste confusion ie playe mon papier estouppe et serray mon escriptoire remys ma plume en mon coffin et me leuay me cupdant embler delles : mais tantost ie fus apperceu daulcunes delles qui me retindrent a toute force et pour moy firent aulcun pou de silence qui gayres ne dura. En laquelle elles me prierent que lendemain voulsisse retourner entre elles a leure acoustumee affin de parfinir et

escheuer leur intencion et la chose encom-
mencee. Et pour mectre par escript le residu
des Euangiles de dame Berthe de Corne qui
estoit la derreniere assemblee quelles deuoyent
faire et ou elles deuoyent conclure et prendre
fin de leurs articles : moy considerant le
commun prouerbe qui se dit : qui sert et ne
par sert son loyer pert leur octray leur requeste liberallement. Et apres conge prins
delles me partis et men allay repouser :
car la teste auoye fort vuyde pour les raisons
trauersaines delles que mon entendement
nauoit peu comprendre. Si les laissay iller
trousser leurs bagues et leurs quilles et men
allay repouser.

La continuacion
de la Ferie du
vendredy a celle du samedy
faicte par dame Berthe.

Ce samedy au soir enuiron six
heures aprez le salut Nostre Dame
et que ieus prins assez legiere re-
fection tant pour lonneur du iour
comme pour laffection que iauoye
pour veoir et oyr a laquelle fin
prendroyent nos dames conclusion de leurs
Euangiles et aprez que ieus prins toutes
mes agoubilles papier plume et ancre me
transportay au lieu ou le soir precedent
auions este ensemble : et illec venu me assis
en mon lieu acoustume. Plusieurs des esco-
lieres estoyent desia venues qui commen-

royent a desuuyder et haspler leurs fuzees :
car filer ne pouuoyent pour lonneur du
samedy et de la Vierge Marie. Ie neus illec
gayres seiourne quant vint dame Berthe de
Corne acompaignee de plusieurs de ses amyes
et voysines pour son Euangile lire et con-
tinuer comme a ce faire estoit esleute. Mais
auant que ie procede a ces chapitres ie vueil
descripre aulcune chose de sa genealogie et
venue. Dame Berthe de Corne estoit de leage
de quatre vingts ans ou plus : si auoit este
fille de Regnault de Corne saige homme a
merueilles qui en son temps auoit estudie a
Tollette en lart de grammaire et negromancie :
depuis auoit este a Montpellier ou il auoit
estudie en medecine et en cest art il vesquit
toute sa vie et introduisit dame Berthe sa fille
en laquelle elle proffita moult et en vesquit
depuis en tapinaige assez deshonestement.

Elle doncques assise en son throne ou siege par silence obtenue commença son Euangile en ceste maniere : mes bonnes ampes et voysines puisque mon iour est venu que ie vous doy faire fin et conclusion de loeuure par mes dames en commencee si a mon pouuoir traicteray de la science que iay apprinse qui touche medecine et men acquiteray au mieulx que pourray. Si vueillez diligentement entendre a les retenir car elles sont dignes destre mises en vostre memoire.

Le premier chapitre.

En mon premier chapitre ie vous dy : qui a les fieures et il ieusne le premier dimenche aprez le premier iour quils lauront prins saichez de vray quelles le laisseront.

Le deuxiesme chapitre.

Celuy qui aura les fieures tierces et il porte a son col ong petit de soye les hauts noms liez en icelup sans doubte il guarira.

Le tiers chapitre.

Si vous auez mary rebelle et que ne vous vueille bailler argent a vostre besoing prenez le premier neud dung fest de froment : mais il fault quil soit cueilly auprez de la terre la nuyct de monseigneur sainct Jehan tandis quon sonne nonne et icelup boutez au trou du coffre au lieu de la clef et sans faulte elle ouurera.

Le quatriesme chapitre.

Celuy qui a les fieures quartes face tant quil trouue la treffle a quatre fueilles et en desieune par quatre iours et pour vray elles le laisseront.

Le cinquiesme chapitre.

Femme qui est malade de la rogeolle doit prendre de leaue qui aura este benoiste le dimenche et dicelle en faire vng bon chauldeau et puis en humer et pour tout certain elle guarira.

Le siziesme chapitre.

Plusieurs parlent de la maladie des fieures blanches qui gapres ne scauent que cest : mais elles sont pires que quartes toutesfoys se peuuent elles guarir pour faire vne souppe au vaisseau Sainct George.

Le septiesme chapitre.

Pour guarir fieures continues il faut es-

eripre les troys premiers mots de la pate-
nostre sur vne fueille de sauge Nostree et
icelle menger par troys matinees et il guarira.

Le huytiesme chapitre.

Se vne femme se mespasse le pied tellement quil soit estors et comme hors du lieu
il conuient que son mary voise en pelerinage
a Sainct Martin pour sa sante et quil ra-
porte des lauemens du pied du cheual sainct
Martin et diceulx lauemens en laue son pied
et tantost elle guarira.

Le neufyesme chapitre.

Se vne femme est malade des varrolles il
conuient que son mary achepte vng noir
aigneau de lannee et quil couche et lie sa
femme en la peau diceluy aigneau toute
chaulde et quil face son pelerinage et offrande

a saincte Arragonde et pour certain elle guarira.

Le diziesme chapitre.

Se vng cheual sest estors la iambe ou le ppe il conuient cheuaucher vers laustel du prestre le rappeler par dehors et sans parler a luy et tantost sen retournera et pour certain le cheual ira tout droict comme deuant sans sentir aulcune douleur.

Le vnziesme chapitre.

Ie vous diroye merueilles des cheuaulx et de leurs medecines mais pour ce que les hommes ne le prennent a leur proffit men tairay et parleray dautre chose : mais toutesfoys ie vous vueil bien encore dire que quand vous veez vng cheual si terrible quil ne veult souffrir quon monte sur luy ou ne veult entrer en vne nauire ou sur quelque pont : dirtes luy ces parolles : cheual aussi vray que meschine de prestre est cheualet ou dyable tu vueilles souffrir que ie monte sur toy : et tantost il sera paisible et en ferez votre voulente.

Le douziesme chapitre.

Mes bonnes voysines et amyes encores vous dy pour verite que se quelque homme auoit sur luy ou portoit en quelque bataille la petite peau laquelle il aporta du ventre de sa mere saichez quil ne pourroit estre aucunement blesse ne naure de son corps.

Glose. Lors sourdit vne vieille matrosne dentre elles nommee Iehanne Tost Vestue et dist oyant toutes que se vng homme portoit sur luy quant il va en bataille les haults noms qui sont tels : tard y va : loing ten

tien : non si combat : si ten vien : iamais a
la guerre blesse ne seropt.

Le treiziesme chapitre.

Ie ne me puis retraire de tousiours parler
des choses a lauantaige des hommes et si
scay bien que de nous ne font gapres de
compte car ils tiennent leurs parlemens et
gengles de nous tousiours en la reproche de
nostre sexe : mais tant vous vueil encores
bien dire que a femme qui a nouuellement
pris les fieures selle oingt tous ses conduits
de myel le premier ieudy aprez quelle les aura
eues saichez quelle en sera quicte et deliuree.

Le quatorziesme chapitre.

Quant vous voyez arondelles fayre leur
nid en aulcune mayson saichez que cest
tout signe de pauurete et se les moissons p

font leur nid cest signe de toute prosperite et de bonne fortune.

Le quinziesme chapitre.

Ie vous dy encores pour verite que qui veult bopre de toutes manieres de vins et auec toutes manieres de gens sans estre pure saichez quil ne fault que se desieuner dune pomme au matin et boire vng traict deaue fresche et sans faulte il ne sera ce iour pure.

Glose. Ioly Trou la fille de Mouscaille dit a ce propos que son pere pour vin quil beust oncques ne fust pure mais il recla-mopt tousiours sainct Nycolas en toutes ses requestes.

Le seiziesme chapitre.

Mes belles ampes se vous voulez auoir

belle lexiue et que vos lynceulx et mantilʒ soyent beaulx et blancs la premiere foys que vous gecteʒ la lexiue dessus la iarle vous deueʒ dire en la gectant Dieu y ait part et monseygneur sainct Clar.

Glose. Respond vne des assistentes nommee Margot au Cul Trousse : bien est vray madame que la sepmayne passee ie fis ma lexiue et le lendemain que ma lexiue fust acoustree et bien faicte et au plus fin matin ie vis que le temps estoit charge comme sil vouloit plouuoir : et ie fis vne requeste a madame saincte Clere que sil luy plaisoit quil fist beau temps ie luy donneroye vne chandelle et ainsy il fist beau temps.

Le dix septiesme chapitre.

Aussi toutesfois quantes que vous faictes vostre lexiue et que le chaulderon est sur le

feu plain de leziue et que le feu est des-
soubz et que par la force du feu la leziue
boult vous ne deuez pas dire ah commere
leziue boult mais vous deuez dire quelle rit
autrement les draps senproyent tous en
fumee.

• Glose. Adonc respond vne assez ieune
femme qui auoit le visaige enlumine et plain
de rubis : il est vray et ie le scay : car vne
foys ie fesoye la leziue de mon fil et mon
mary y estoit et ie luy deffendis que il ne dist
pas la leziue boult : car se vous le dictes tout
nostre fil deuiendroit paille : toutesfoys mon
mary ne se peut tenir de le dire quant il
vit quelle rioyt ainsi : tout mon fil deuint
paille. Et moy consecretaire nosay respondre
quelle lauoit beu.

Le dix huytiesme chapitre.

Mes amyes pour la conclusion finalle de mon Euangile ensemble pour lonneur du sainct dimenche qui nous approuche ie vous vueil dire vng merueilleux secret que peu de hommes scauent. Ie vous dy pour certain que les cygoignes qui en este se tiennent en ce pays et en yuer sen retournent en leur pays qui est entour le mont de Sinay sont par dela creatures comme nous. Et quil appert quelles ayent rayson elles donnent tousiours et payent leurs dismes a Dieu quant elles ont faict des petis de lung diceulx.

Glose. A ceste conclusion affermer se leua dame A Braye lenflee vieille a merueilles et dist quil estoyt vray ce que dame Berthe de C　　　 auoyt dit : car elle auoyt souuent ouy d　　　 sen c　le que quand il auoit este a

saincte Katherine du mont de Sinay et en
passant les desers auoit perdu par mortalite
toute sa compaignie il vit de loing vne creature a laquelle il alla et commença a deman-
der son chempn en flameng. Celle creature
luy respondit tantost et luy enseigna son
chempn et de faict alla longuement auecques
luy. Et luy deuisa tout son estat et comment
elle estopt cygoigne par deca et faisopt son
nyd en Flandres sur lostel de son voysin.
Clays qui ceste chose ne vouloit croyre luy
pria quelle luy baillast certapnes enseignes :
affin que sil pouuoit iamaps retourner ou
paps qui la remerciast de sa courtopsie.
Adonc la cygoigne tira vng annel dor quelle
auoyt recueilly en la place de couste sa
maison et luy monstra et tantost que Clays
le vit il le recogneut : car cestopt lannel duquel il auoit espouse Mal Sanglee sa femme.

La cygoigne luy rendit son annel par tel si
quil deffenderoyt aux porchiers et aux va-
chiers de son hostel quilz ne luy feissent plus
de moleste comme par auant ils auoyent
acoustume a faire. Et aprez ces promesses
prinst mon oncle ronge et sen retourna a Bruges ou depuis vesquit si bien quil estoit gros
de quatorze palmes de tour quant il mourut.

Grande risee fut illec faicte de tous les
assistentes qui desia auoyent laue et peigne
leurs cheueulx et desuupdees leurs fusees et
estoient prestes de trousser leurs quilles et
agoubilles dont ie fus fort ioyeulx car certes
ie men commençoye fort a taner pour ce que
ce quelles auoyent dit me sembloyent choses
toutes sans aulcune raison ou aulcune bonne
consequence comme iauoye au commencement
pense : mais pour me monstrer non parcial
ne aussi vilipendeur ne despriseur de leurs

voulentez ie a dempe chiere ioyeuse et non
pas trop actendis entre elles quelle fin elles
mectroyent en leurs Euangiles et auctoritez
et comment mon honneur saulue ie prendroye
conge delles. Il nestoit encores apparent que
silence fust entre elles pourquoy ie me mis
en la veue delles affin que par mon regard
elles eussent aulcune vergoigne et honte de
leur affaire qui certes estoyt moult desregle
comme dune bataille faillye. A la fin les six
qui auoyent este inuenteresses et presidentes
toute la sepmaine vindrent vers moy et me
remercierent moult de la peine que prise auoye
pour elles. Et pour mon salaire me promirent ayde se les requeroye de me auancer
enuers quelque damoiselle. Dont ie les re-
merciay en moy excusant par vne auctorite
ioyeuse qui se dit communement : cest que
quant vng cheual va boyre sans quon luy

maine et vng homme va a complye : a tous
vng bastou. Certes ces deur ont passe leurs
temps : de ces deur bestes ien suis lune.

Conclusion de lacteur.